## What is Inside?

1. A to Z Calligraphy Alphabet (Capital & Small case) with Practice Space

2. Slanted Lines Sheets for Calligraphy Alphabet, Word and Sentence Practice

## How to Use This Book

1. Practice A to Z Alphabet Both in Capital and Small Cases

2. Now Try to Write Down By Ownself in Slanted Pages

3. Then try to build Word using Start point and End Point of each alphabet

*a a a*

*a a a*

*a a a*

*a a a*

*a a a*

*a a a*

*a a a*

*a a a*

*a a a*

*a a a*

*a a a*

*a a a*

𝒜 𝒜 𝒜
𝒜 𝒜 𝒜
𝒜 𝒜 𝒜
𝒜 𝒜 𝒜
𝒜 𝒜 𝒜
𝒜 𝒜 𝒜
𝒜 𝒜 𝒜
𝒜 𝒜 𝒜
𝒜 𝒜 𝒜
𝒜 𝒜 𝒜
𝒜 𝒜 𝒜
𝒜 𝒜 𝒜

**b b b**

**b b b**

**b b b**

**b b b**

**b b b**

**b b b**

**b b b**

**b b b**

**b b b**

**b b b**

**b b b**

**b b b**

𝓑 𝓑 𝓑

𝓑 𝓑 𝓑

𝓑 𝓑 𝓑

𝓑 𝓑 𝓑

𝓑 𝓑 𝓑

𝓑 𝓑 𝓑

𝓑 𝓑 𝓑

𝓑 𝓑 𝓑

𝓑 𝓑 𝓑

𝓑 𝓑 𝓑

𝓑 𝓑 𝓑

𝓑 𝓑 𝓑

C C C

C C C

C C C

C C C

C C C

C C C

C C C

C C C

C C C

C C C

C C C

𝒞 𝒞 𝒞

𝒞 𝒞 𝒞

𝒞 𝒞 𝒞

𝒞 𝒞 𝒞

𝒞 𝒞 𝒞

𝒞 𝒞 𝒞

𝒞 𝒞 𝒞

𝒞 𝒞 𝒞

𝒞 𝒞 𝒞

𝒞 𝒞 𝒞

𝒞 𝒞 𝒞

𝒞 𝒞 𝒞

*d* *d* *d*

*d* *d* *d*

*d* *d* *d*

*d* *d* *d*

*d* *d* *d*

*d* *d* *d*

*d* *d* *d*

*d* *d* *d*

*d* *d* *d*

*d* *d* *d*

*d* *d* *d*

*d* *d* *d*

e e e

e e e

e e e

e e e

e e e

e e e

e e e

e e e

e e e

e e e

e e e

e e e

E E E

E E E

E E E

E E E

E E E

E E E

E E E

E E E

E E E

E E E

E E E

E E E

g g g

g g g

g g g

g g g

g g g

g g g

g g g

g g g

g g g

g g g

g g g

g g g

h h h

h h h

h h h

h h h

h h h

h h h

h h h

h h h

h h h

h h h

h h h

h h h

H H H

H H H

H H H

H H H

H H H

H H H

H H H

H H H

H H H

H H H

H H H

H H H

*i i i*

*i i i*

*i i i*

*i i i*

*i i i*

*i i i*

*i i i*

*i i i*

*i i i*

*i i i*

*i i i*

*i i i*

j j j

j j j

j j j

j j j

j j j

j j j

j j j

j j j

j j j

j j j

j j j

j j j

𝓕 𝓕 𝓕

𝓕 𝓕 𝓕

𝓕 𝓕 𝓕

𝓕 𝓕 𝓕

𝓕 𝓕 𝓕

𝓕 𝓕 𝓕

𝓕 𝓕 𝓕

𝓕 𝓕 𝓕

𝓕 𝓕 𝓕

𝓕 𝓕 𝓕

𝓕 𝓕 𝓕

𝓕 𝓕 𝓕

k k k

k k k

k k k

k k k

k k k

k k k

k k k

k k k

k k k

k k k

k k k

𝒦 𝒦 𝒦

𝒦 𝒦 𝒦

𝒦 𝒦 𝒦

𝒦 𝒦 𝒦

𝒦 𝒦 𝒦

𝒦 𝒦 𝒦

𝒦 𝒦 𝒦

𝒦 𝒦 𝒦

𝒦 𝒦 𝒦

𝒦 𝒦 𝒦

𝒦 𝒦 𝒦

𝒦 𝒦 𝒦

ℓ ℓ ℓ

ℓ ℓ ℓ

ℓ ℓ ℓ

ℓ ℓ ℓ

ℓ ℓ ℓ

ℓ ℓ ℓ

ℓ ℓ ℓ

ℓ ℓ ℓ

ℓ ℓ ℓ

ℓ ℓ ℓ

ℓ ℓ ℓ

ℓ ℓ ℓ

ℒ ℒ ℒ

ℒ ℒ ℒ

ℒ ℒ ℒ

ℒ ℒ ℒ

ℒ ℒ ℒ

ℒ ℒ ℒ

ℒ ℒ ℒ

ℒ ℒ ℒ

ℒ ℒ ℒ

ℒ ℒ ℒ

ℒ ℒ ℒ

ℒ ℒ ℒ

m m m

m m m

m m m

m m m

m m m

m m m

m m m

m m m

m m m

m m m

m m m

m m m

M M M
M M M
M M M
M M M
M M M
M M M
M M M
M M M
M M M
M M M
M M M
M M M

**n** n n

**n** n n

**n** n n

**n** n n

**n** n n

**n** n n

**n** n n

**n** n n

**n** n n

**n** n n

**n** n n

**n** n n

N N N

N N N

N N N

N N N

N N N

N N N

N N N

N N N

N N N

N N N

N N N

N N N

O O O

O O O

O O O

O O O

O O O

O O O

O O O

O O O

O O O

O O O

O O O

O O O

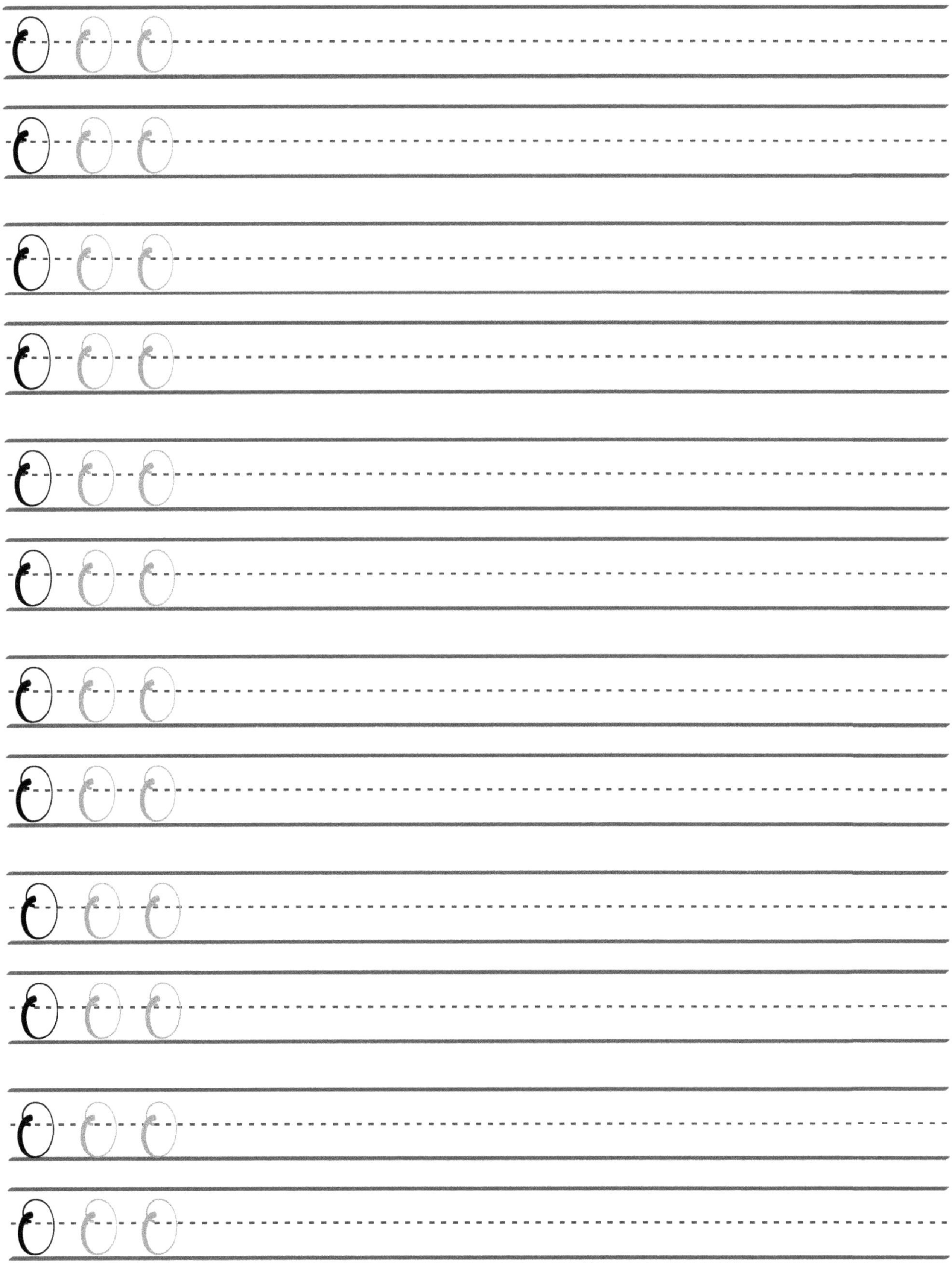

𝒫 𝒫 𝒫

𝒫 𝒫 𝒫

𝒫 𝒫 𝒫

𝒫 𝒫 𝒫

𝒫 𝒫 𝒫

𝒫 𝒫 𝒫

𝒫 𝒫 𝒫

𝒫 𝒫 𝒫

𝒫 𝒫 𝒫

𝒫 𝒫 𝒫

𝒫 𝒫 𝒫

𝒫 𝒫 𝒫

q q q

q q q

q q q

q q q

q q q

q q q

q q q

q q q

q q q

q q q

q q q

ℛ ℛ ℛ

ℛ ℛ ℛ

ℛ ℛ ℛ

ℛ ℛ ℛ

ℛ ℛ ℛ

ℛ ℛ ℛ

ℛ ℛ ℛ

ℛ ℛ ℛ

ℛ ℛ ℛ

ℛ ℛ ℛ

ℛ ℛ ℛ

ℛ ℛ ℛ

§ § §

§ § §

§ § §

§ § §

§ § §

§ § §

§ § §

§ § §

§ § §

§ § §

§ § §

§ § §

S S S

S S S

S S S

S S S

S S S

S S S

S S S

S S S

S S S

S S S

S S S

S S S

t t t

t t t

t t t

t t t

t t t

t t t

t t t

t t t

t t t

t t t

t t t

t t t

𝓕 𝓕 𝓕

𝓕 𝓕 𝓕

𝓕 𝓕 𝓕

𝓕 𝓕 𝓕

𝓕 𝓕 𝓕

𝓕 𝓕 𝓕

𝓕 𝓕 𝓕

𝓕 𝓕 𝓕

𝓕 𝓕 𝓕

𝓕 𝓕 𝓕

𝓕 𝓕 𝓕

𝓕 𝓕 𝓕

*u u u*

*u u u*

*u u u*

*u u u*

*u u u*

*u u u*

*u u u*

*u u u*

*u u u*

*u u u*

*u u u*

*u u u*

U U U

U U U

U U U

U U U

U U U

U U U

U U U

U U U

U U U

U U U

U U U

U U U

*x x x*

*x x x*

*x x x*

*x x x*

*x x x*

*x x x*

*x x x*

*x x x*

*x x x*

*x x x*

*x x x*

*x x x*

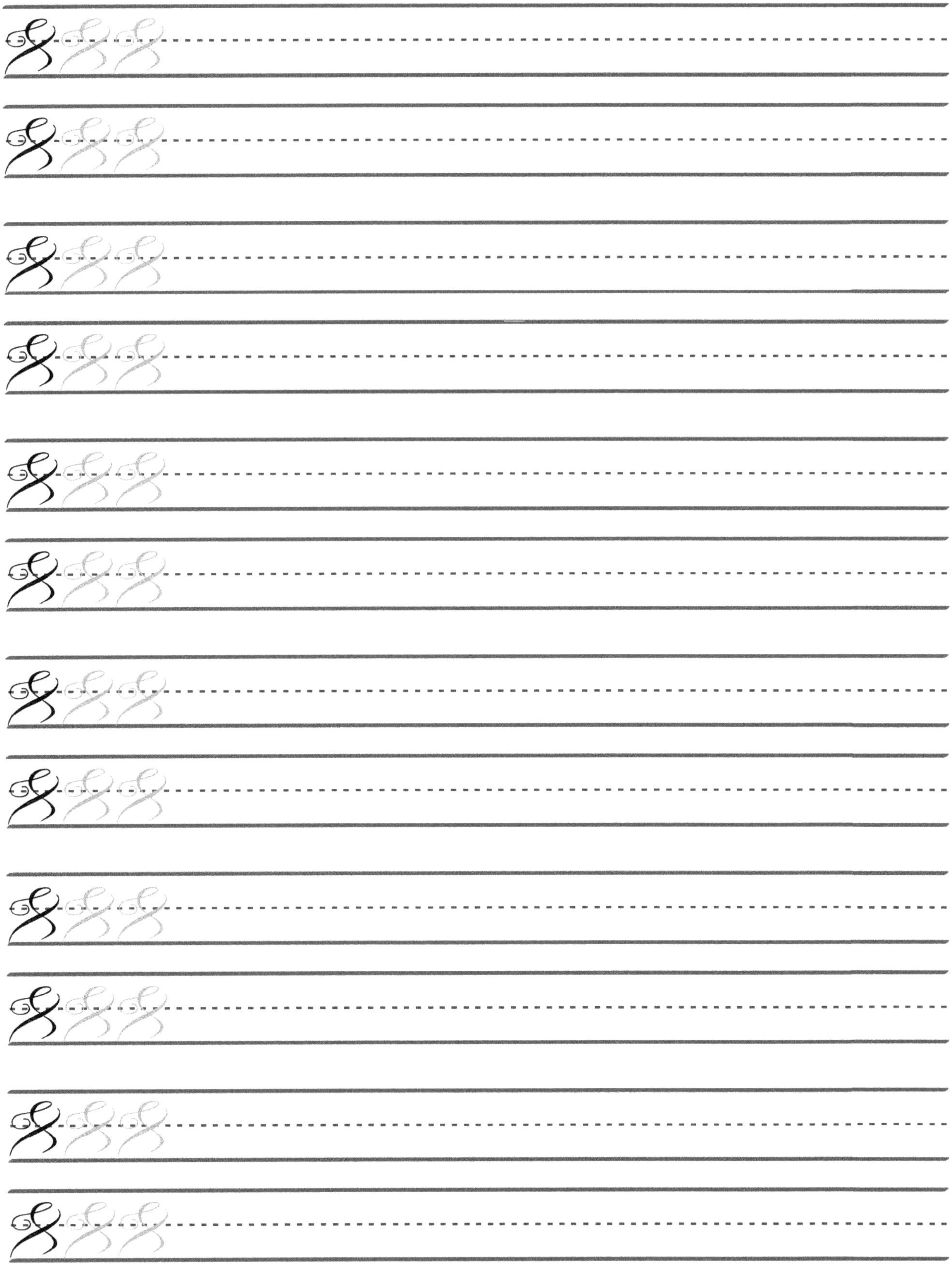

y y y

y y y

y y y

y y y

y y y

y y y

y y y

y y y

y y y

y y y

y y y

y y y

www.ingramcontent.com/pod-product-compliance
Ingram Content Group UK Ltd.
Pitfield, Milton Keynes, MK11 3LW, UK
UKHW011352260125
4296UKWH00039B/853